Camila quiere una hamburguesa

¡Una aventura divertida y llena de ahorros!

Escrito e ilustrado por:
Raymarie Gómez

Cash Viewpoint Consulting, LLC
CashViewpoint.com/camila

"Camila quiere una hamburguesa "
¡Una aventura divertida y llena de ahorros!

Autora: Raymarie Gómez
Editora de contenido: Jennifer Gómez Vázquez
Editor de desarollo: Alfredo Matos

Ilustraciones, portada y diseño del libro creados con mucho cariño por Raymarie Gómez a través de Dancing Genes Digital Studio.

Publicado por Dancing Genes Press

Versión en español (Tapa Dura): ISBN: 979-8-9998470-0-3
Versión en español (Tapa Blanda): ISBN: 979-8-9998470-1-0

Primera edición, 2025

En honor a Camila, nuestro angelito.

DANCING GENES
digital studio

Este libro pertenece a:

_____

Camila juega afuera con su amigo, el Señor Oink.

Corren, saltan y giran en círculos, hasta que...

...la pancita de Camila empieza a hacer ruidos.

—¡Quiero una hamburguesa con queso!— dice ella.

¡A la cocina!

—Está bien, puedo ir al supermercado y comprar los ingredientes —dice Camila, brincando—.

¡Pero parece que primero necesitamos algo de dinero!

Camila necesita dinero.
Sacude a su alcancía, el Señor Oink.

"CLINK"
"CLINK"

Caen al suelo dos monedas.

"sacude"
"sacude"

Camila recibe dos monedas de su papá como pago por su trabajo.

KA-CHING!

—¡Dibujos en venta!—dice Camila. Una vecina sonríe y le da una moneda.

¡Ya puedo oler el queso derretido!

KA-CHING!

Camila se sienta en el piso y cuenta sus monedas con cuidado.

uno...

dos...

tres...

¿eh?

—¡Me faltan cinco monedas!—dice Camila asombrada—. ¿Dónde estarán?

Camila busca
en la cocina,

en sus bolsillos...

...y debajo de los arbustos afuera, pero no encuentra las monedas por ningún lado. ¡Desaparecieron!

¡Camila necesita tu ayuda!
¿PUEDES encontrar las cinco monedas perdidas?

Saca su lista de compras:

- ☐ Pan
- ☐ Carne
- ☐ Queso
- ☐ Lechuga
- ☑ Tomate
- ☐ Pepinillos
- ☐ Cebolla

Camila coloca las monedas en el mostrador... ¿Puedes ayudar a Camila a contar sus monedas?

¡Muy bien! Camila tiene suficiente dinero para comprar todos los ingredientes.

En casa, Camila pone los ingredientes sobre la mesa. ¡Está lista para preparar su hamburguesa!

Ganar dinero toma esfuerzo.
Ahorrar dinero es inteligente.
Y cuidar mi dinero...
¡me ayuda a conseguir lo que quiero! ⭐

¿Cuál será nuestra próxima misión?

—¡La próxima vez voy a ahorrar para...
¡UN HELADO! —dice mientras abraza
al Señor Oink.
Los ojos del Señor Oink se abren grandes.

¡Ay no...
aquí vamos
otra vez!

"risitas"
"risitas"

¿ENCONTRASTE LAS ESTRELLAS?

¿Notaste que había una estrella escondida en cada escena del cuento?

¡Hay una estrella en cada página ilustrada!

¿Puedes encontrarlas todas esta vez?

¡CREA TU PROPIA HAMBURGUESA!

Crea tu hamburguesa con tu adulto favorito en 5 pasos fáciles.

👉 **Paso 1: Elige tu pan**
Pan suave O Pan tostado

Paso 2: ¿Qué le pones adentro?
Carne de res O Pollo

Paso 3: Agrega algo rico
Queso O Aguacate

Paso 4: Ingredientes extra
Tomate O Lechuga

Paso 5: Una salsa especial
Mostaza dulce O Kétchup

¡Mmm... delicioso!
¡Eso sí que es una
obra de arte!

¡Hola, amigos!

Soy Raymarie y me apasionan la ciencia, el arte y enseñarles a niños como tú. Estudié biología y genética (¡hasta las partes más pequeñas dentro de nuestro cuerpo y de las plantas!) y trabajé en laboratorios reales, compartiendo descubrimientos con otros científicos.

Pero lo que más feliz me hace es dibujar, crear e inspirar a los niños a soñar en grande. Cuando no estoy cuidando a mi hijo, me encontrarás escribiendo, ilustrando o dibujando.

Mi esposo y yo trabajamos juntos para enseñarles a los niños cómo ser inteligentes con su dinero, ¡para que puedan alcanzar sus sueños más grandes!

Espero que te hayas divertido mucho leyendo este libro. Sigue aprendiendo, sigue creando y recuerda: **¡tus ideas pueden cambiar el mundo!**

Autora e Ilustradora

Autora Puertorriqueña

@GraduateDebtFree 📷
@DancingGenesDigitalStudio 📷
@DancingenesDigitalStudio ♪

Jennifer Gómez Vázquez

@jen.gomez.vazquez

Jennifer Gómez Vázquez es especialista en bienestar y resiliencia, con más de 15 años de experiencia apoyando a personas y familias en su crecimiento personal. Tiene una maestría en Servicios Humanos con especialización en Servicios para Niños y Familias.

A lo largo de su carrera, ha liderado talleres transformadores y trabajado en el campo de los servicios sociales, guiando a otros en la construcción de una vida más consciente, fuerte y equilibrada. También es Coach Profesional Certificada y Terapeuta de la Risa Certificada, herramientas que integra en su práctica para promover la sanación a través de la alegría, la intención y el autoconocimiento.

Editora de contenido

Alfredo Matos

@CashViewpoint

Alfredo Matos es experto en la gestión de las finanzas personales, con más de 2,000 horas de experiencia como coach, apoyando a personas y familias a alcanzar sus metas financieras. Tiene un bachillerato en Ingeniería Eléctrica y una maestría en Estudios Operacionales.

Como fundador de Cash Viewpoint Consulting LLC y creador de *Invierte en tu Gente*, su misión es ayudar a que las familias reduzcan el estrés financiero mientras construyen un futuro sólido y saludable. También es empresario, veterano del ejército y piloto de helicópteros, pero sobre todo es papá.

Editor de desarrollo

DANCING GENES
digital studio

Continúa la aventura con nuestro
libro de colorear lleno de actividades.

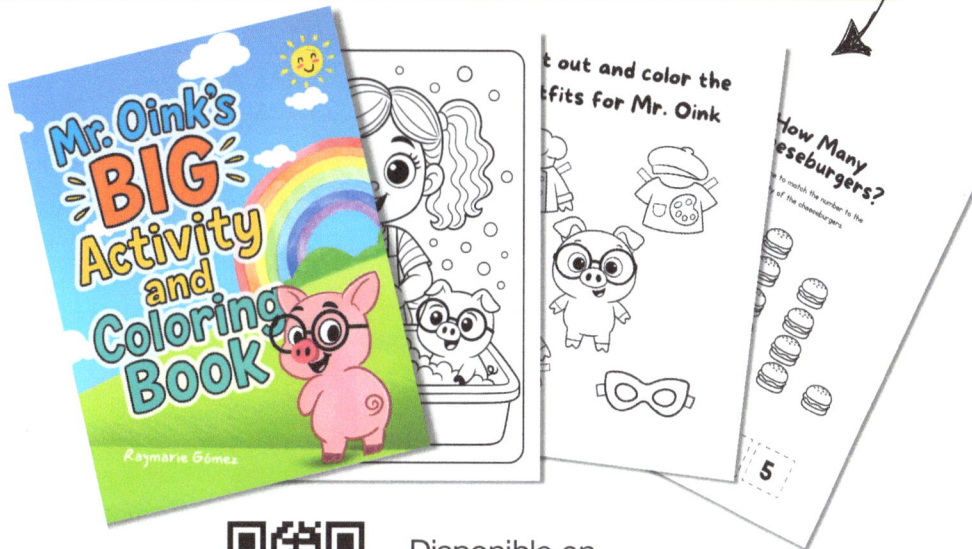

Mr. Oink's **BIG** Activity and Coloring Book

Raymarie Gómez

Cut out and color the outfits for Mr. Oink

How Many Cheeseburgers?

5

Disponible en tres idiomas

"Camila wants a cheeseburger" está disponible en inglés, español y francés, para que más niños alrededor del mundo puedan disfrutar de esta divertida y educativa historia.

english → Camila **wants a cheeseburger!**

français → Camila **veut un cheeseburger!**

español → Camila **quiere una hamburguesa**

cashviewpoint.com/camila

Autora Puertorriqueña

www.ingramcontent.com/pod-product-compliance
Lightning Source LLC
Chambersburg PA
CBHW052048190326
41521CB00002BA/145